AF234959

Impressum

Verlag: BABADADA GmbH, Nedderfeld 112 , 22529 Hamburg

Geschäftsführer / Verlagsleitung: Harald Hof

Druck: Books on Demand GmbH, In de Tarpen 42, 22848 Norderstedt

Imprint

Publisher: BABADADA GmbH, Nedderfeld 112 , 22529 Hamburg, Germany

Managing Director / Publishing direction: Harald Hof

Print: Books on Demand GmbH, In de Tarpen 42, 22848 Norderstedt

colegio
dibistan

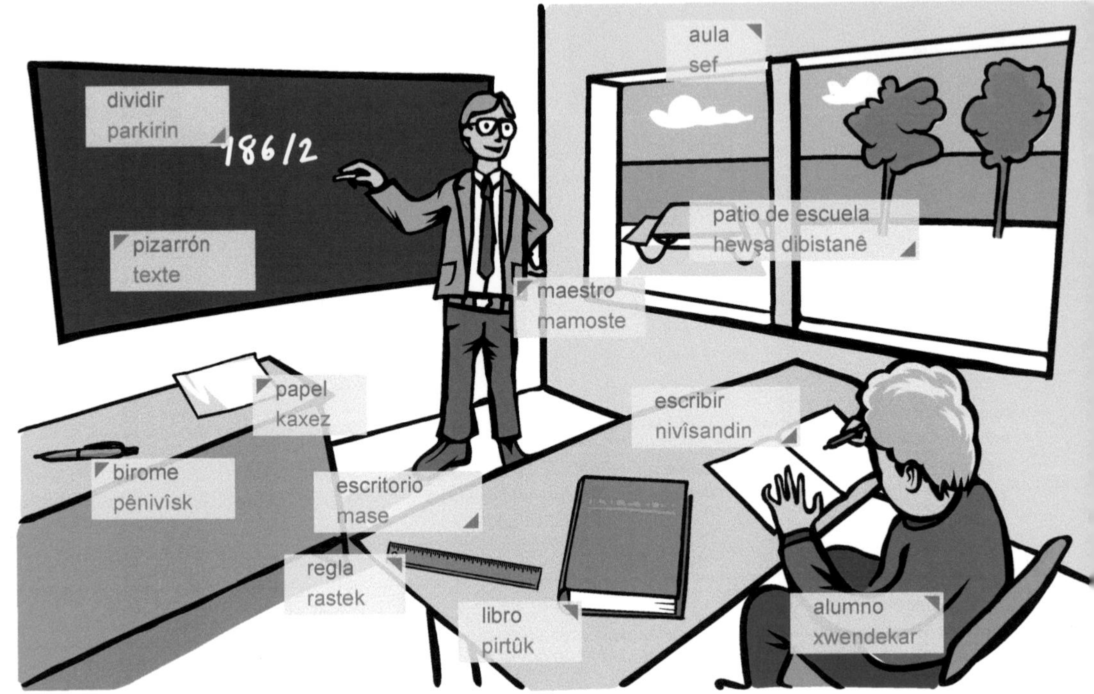

aula
sef
dividir
parkirin
186/2
pizarrón
texte
patio de escuela
hewşa dibistanê
maestro
mamoste
papel
kaxez
escribir
nivîsandin
birome
pênivîsk
escritorio
mase
regla
rastek
libro
pirtûk
alumno
xwendekar

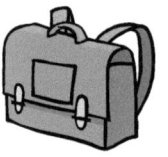

mochila

çewal

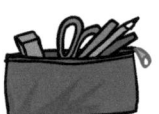

caja de lápices

qûtî nivîstok

lápiz

qelemrisas

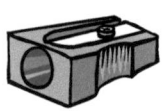

sacapuntas

nivîstok tûjkir

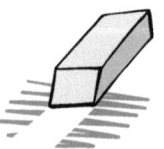

goma (de borrar)

jêbir

bloc de dibujo

nivîska nîgarê

dibujo

nîgar

pincel

firçeya rengê

caja de pinturas

qûtî reng

tijera

meqes

pegamento

lezaq

cuaderno de ejercicios

pirtûka fêrbûn

tarea

wezîfa malê

número

hejmar

sumar

zêdekirin

restar

derxistin

multiplicar

zêdekirin

calcular

hesibandin

letra

tîp

abecedario

alfabe

palabra

peyv

texto
....
nivîsê

leer
....
xwandin

tiza
....
geç

lección
....
ders

cuaderno de clase
....
qeydkirin

examen
....
îmtîhan

certificado
....
şehade

uniforme escolar
....
kinca dibistanê

educación
....
perwerdehî

enciclopedia
....
zanistname

universidad
....
zanîngeh

microscopio
....
mîkroskûp

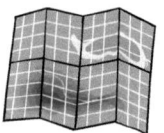

mapa
....
xerîte

tacho (de basura)
....
sepeta kaxezê

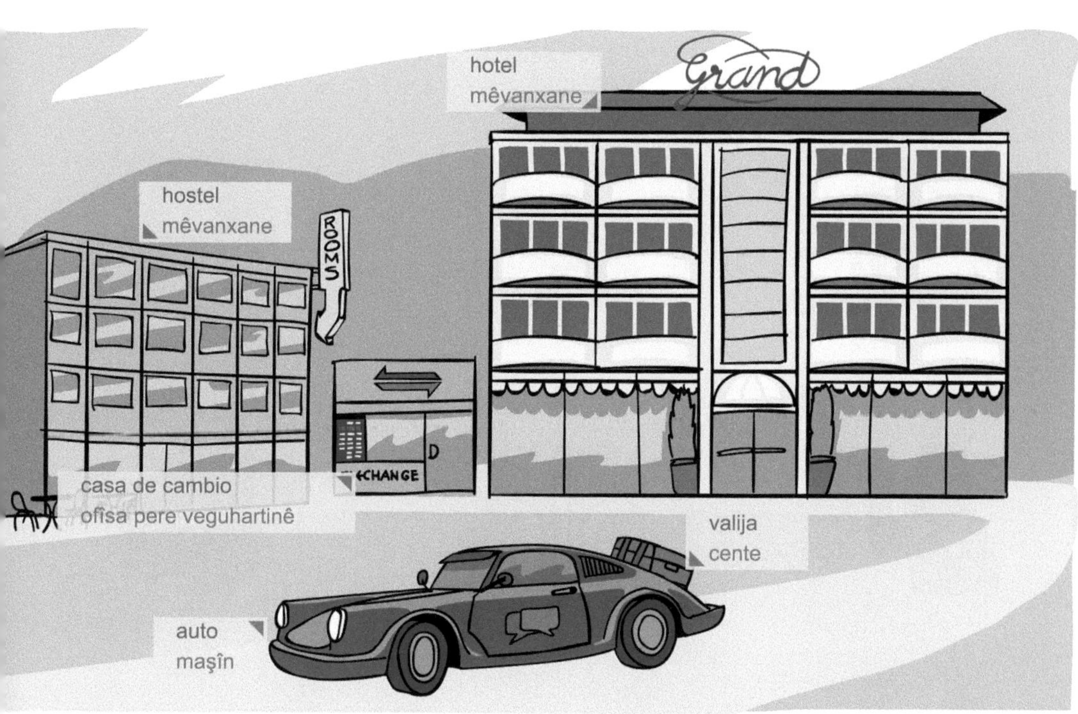
hotel
mêvanxane
Grand
hostel
mêvanxane
ROOMS
casa de cambio
ofîsa pere veguhartinê
EXCHANGE
valija
cente
auto
maşîn

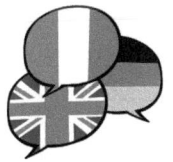

idioma

ziman

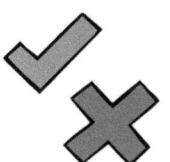

sí / no

belê / na

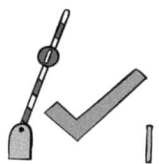

Está bien

baş

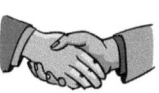

hola

silav

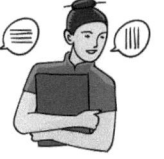

traductor

wergêra nivîskî

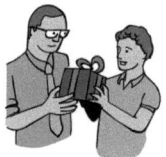

Gracias

sipas

¿cuánto cuesta…?

bihayê … çi qase?

No entiendo

ez fam nakim

problema

pirsgirêk

¡Buenas tardes!

êvarbaş!

¡Buenos días!

beyanî baş!

¡Buenas noches!

şev baş!

adiós

xatirê te

dirección

alî

equipaje

hûrmûr

bolso

çente

mochila

çente pişt

invitado

mêvan

habitación

ode

bolsa de dormir

came xew

carpa

çadir

información turística

agagiyên gerokan

playa

rexê avê

tarjeta de crédito

kartê qerzê

desayuno

taştê

almuerzo

firavîn

cena

şîv

pasaje

kart

ascensor

asansor

sello

pûl

frontera

tixûb

aduana

gumirk

embajada

balyozxane

visa

vîza

pasaporte

pasaport

transporte

guhaztin

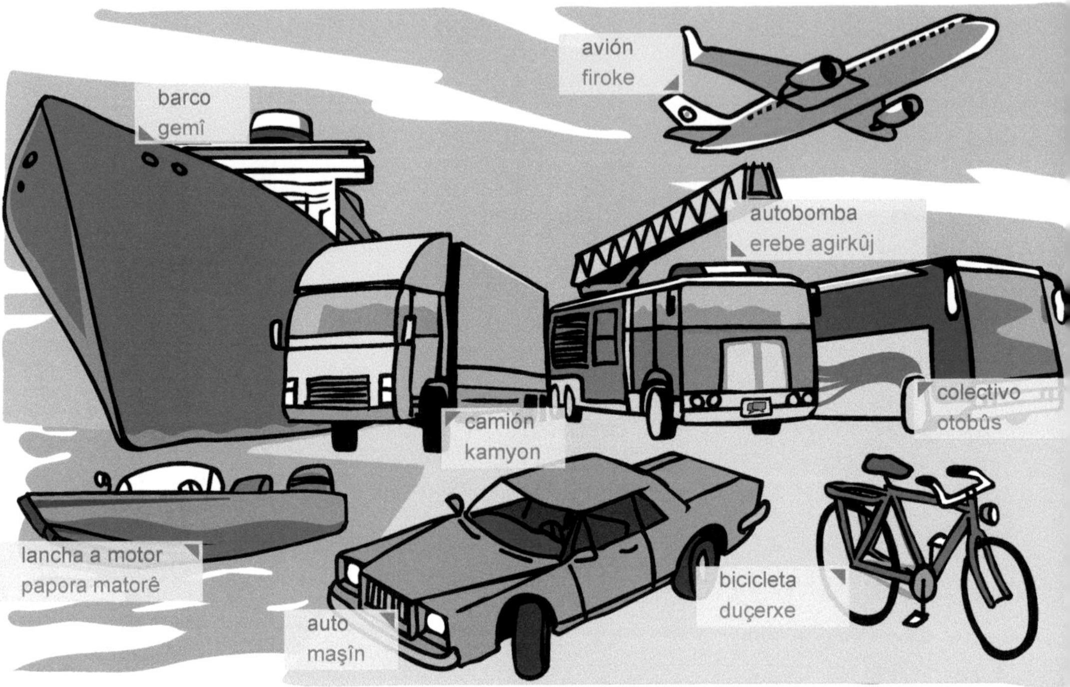
avión
firoke
barco
gemî
autobomba
erebe agirkûj
colectivo
otobûs
camión
kamyon
lancha a motor
papora matorê
bicicleta
duçerxe
auto
maşîn

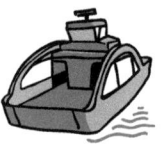

ferry

papor

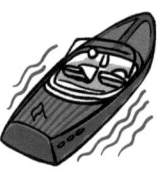

bote

papor

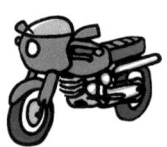

moto

motorsîklêt

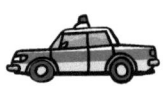

patrullero

trimbêla polîsê

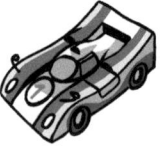

auto de carreras

trimbêla pêşbaziyê

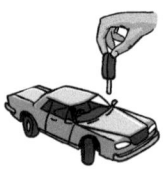

auto de alquiler

erebe kirêkirinê

alquiler de autos

maşîn pervekirin

grúa

kamyona kişandinê

camión de basura

kamyona xwelî

motor

motorsîklêt

nafta

mazot

estación de servicio

îstegeha benzînê

señal de tránsito

tabloya tirafîkê

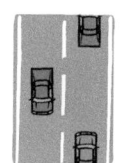

tránsito

hatinûçûn

embotellamiento

tirafîk

estacionamiento

cihê parkê

estación de tren

rawesteka trênê

vías

rêç

tren

trên

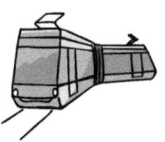

tranvía

trênê kolanê

vagón

erebe

helicóptero

babirok

aeropuerto

balafirgeh

torre

birc

pasajero

misafir

contenedor

qûtî

caja de cartón

qûtî

carretilla

girgirok

canasta

selik

despegar / aterrizar

rabûn / nîştin

ciudad

bajar

pueblo

gund

centro de ciudad

navenda bajarê

casa

xanî

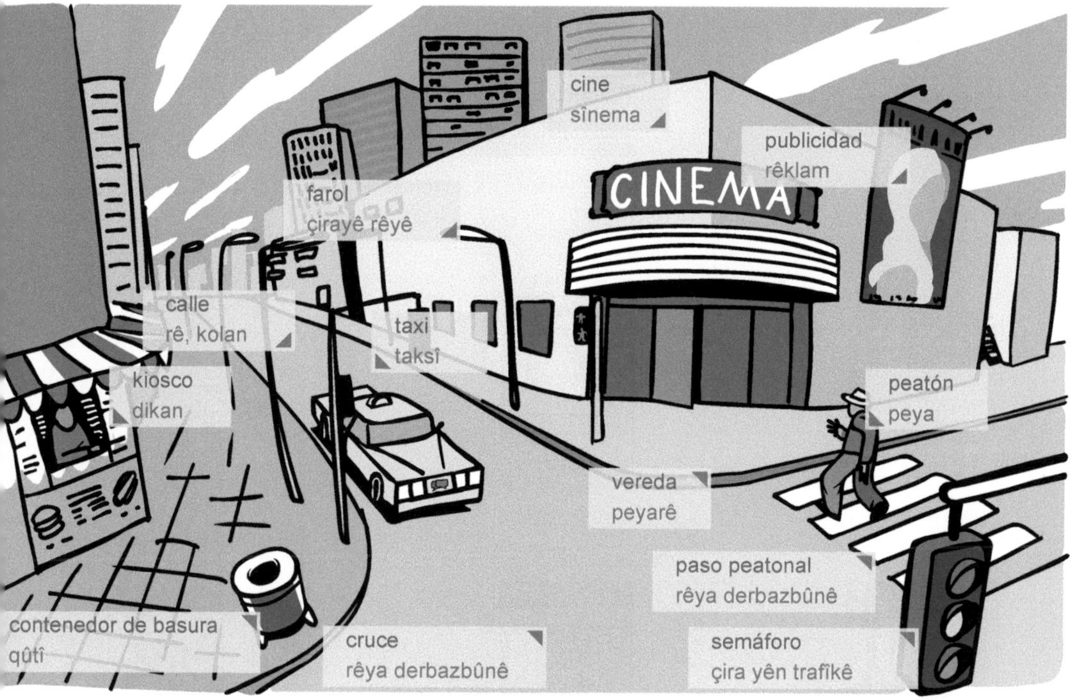

cine
sînema

publicidad
rêklam

CINEMA

farol
çirayê rêyê

calle
rê, kolan

taxi
taksî

kiosco
dikan

peatón
peya

vereda
peyarê

paso peatonal
rêya derbazbûnê

contenedor de basura
qûtî

cruce
rêya derbazbûnê

semáforo
çira yên trafîkê

cabaña

kox

departamento

xanî

estación de tren

rawesteka trênê

municipalidad

telara şarevanî

museo

mûzexane

colegio

dibistan

ciudad - bajar

universidad

zanîngeh

banco

bank

hospital

nexweşxane

hotel

mêvanxane

farmacia

dermanxane

oficina

ofîs

librería

kitêbfiroşî

negocio

dikan

florería

gulfiroş

supermercado

bazar

mercado

bazar

grandes tiendas

supermarket

pescadería

masîfiroş

centro comercial

navenda kirrîn

puerto

bender

parque
park

banco
sekû

puente
pir

escaleras
derince

subte
jêr erdê

túnel
tunnel

parada del colectivo
îstgeha otobûs

bar
bar

restaurante
xwaringeh

buzón
sindûqa postê

letrero
nîşanderka rêyê

parquímetro
metra parkîngê

zoológico
baxça heywanan

pileta
hewza melevanî

mezquita
mizgeft

granja
cotgeh

contaminación
lewitandina derdor

cementerio
goristan

iglesia
kenîse

juegos infantiles
erdê leyistinê

templo
perestgeh

paisaje

tebîet

hoja
gela

poste indicador
nîşanderka rê

camino
rê

pradera
mêrg

piedra
kevir

árbol
dar

excursionista
gerok

río
çem

hierba
giya

flor
kulîlk

valle
dol

montaña
gir

lago
gol

bosque
daristan

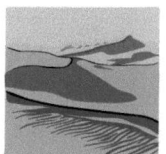

desierto
beyaban

volcán
volkan

castillo
keleh

arco iris
keskesor

champiñón
kivark

palmera
darqesp

mosquito
mixmixk

mosca
mêş

hormiga
mêrî

abeja
hing

araña
pîrê

escarabajo
kêzik

rana
beq

ardilla
sihor

erizo
jîjok

liebre
kerguh

lechuza
pepûk

pájaro
çivîk

cisne
qû

jabalí
berazê kovî

ciervo
pezkovî

alce
pezkovî

presa
bendav

aerogenerador
tûrbîna ba

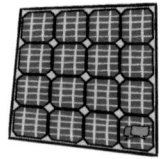

panel solar
panela xorê

clima
av û hewa

restaurante
xwaringeh

mozo
berkar
menú
pêşek
silla
kursî
sopa
şorbe
pizza
pîza
mantel
sifre
cubiertos
çetel û çemçik

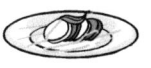

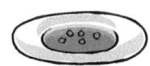

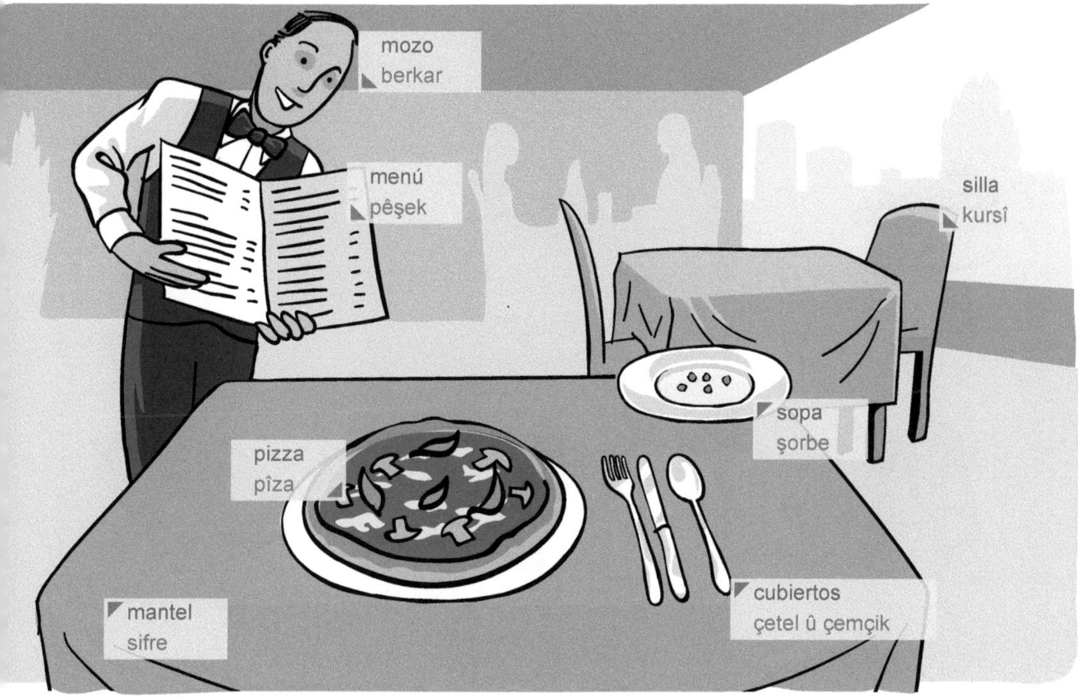

entrada

xwarina destpêk

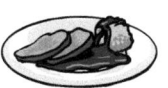

plato principal

xwarina serekî

postre

şêranî

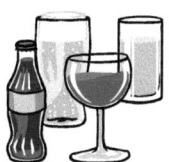

bebidas

vexwarinan

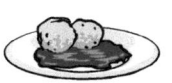

comida

xwarin

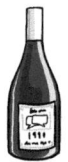

botella

cam

comida rápida

xwarina lez

comida callejera

xwarina rêyê

tetera

çaydanik

azucarera

qûtî şekirê

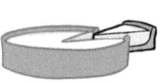

porción

beş

cafetera expreso

mekîna çêkirinê espresso

sillita alta

kursiya bilînd

cuenta

hesab

bandeja

sênî

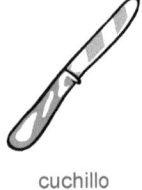

cuchillo

kêr

tenedor

çetel

cuchara

kevçî

cucharita

kevçiya çay

servilleta

pêşgir

vaso

qedeh

plato

teyfik

plato hondo

teyfika şorbe

plato

piyale

salsa

çênc

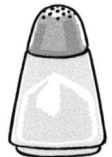

salero

xwêdank

molinillo de pimienta

qûtî bîbar

vinagre

sêk

aceite

rûn

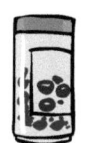

especias

biharat

kétchup

ketçap

mostaza

mustard

mayonesa

mayonêz

supermercado

bazar

oferta especial
pêşkêşên taybet
FOR
cliente
mişterî
lácteos
şîremenî
fruta
fêkî
changuito
erebe

BUTCHERS

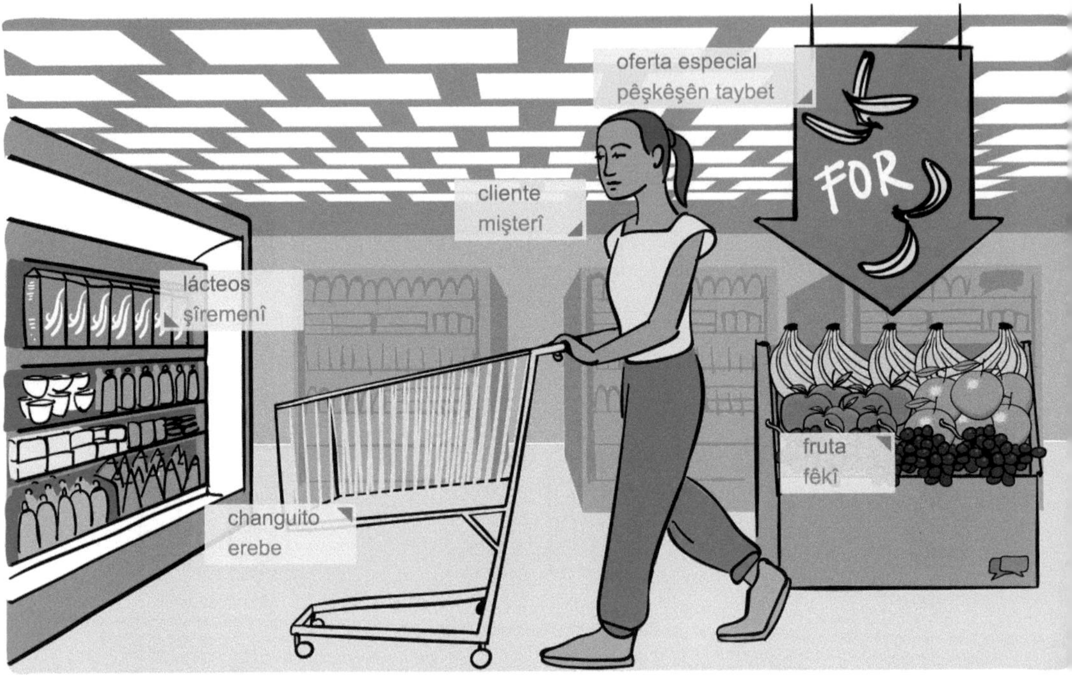

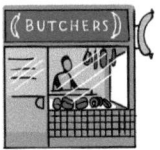

carnicería

qesabî

BAKERY

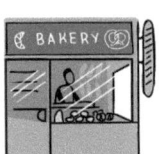

panadería

dikana nanpêj

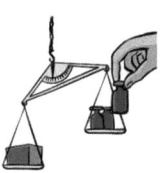

pesar

wezin kirin

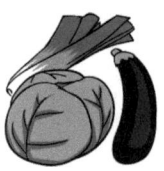

verduras

sebze

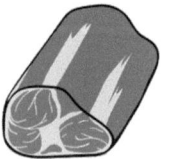

carne

goşt

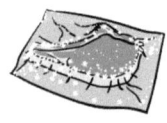

alimentos congelados

xwarinê cemedî

fiambres

goştê sar

alimentos enlatados

xwarina pîlê

detergente en polvo

xubarê paqijkirinê

golosinas

şirînî

electrodomésticos

berhemên navxweyî

productos de limpieza

berhemên paqijkirinê

vendedora

firoşyar

caja

xeznok

cajero

diravgir

lista de compras

lîsta kirrînê

horario de atención

demên vekirî

billetera

cizdan

tarjeta de crédito

kartê qerzê

cartera

çewal

bolsa de plástico

çente

agua
....
av

jugo
....
şerbet

leche
....
şîr

bebida cola
....
komir

vino
....
şerab

cerveza
....
bîra

alcohol
....
alkol

cacao
....
kakwo

té
....
çay

café
....
qehwe

café expreso
....
espresso

cappuccino
....
kapoçîno

banana

moz

manzana

sêv

naranja

pirteqalî

melón

gundor

limón

lîmon

zanahoria

gêzer

ajo

sîr

bambú

qamir

cebolla

pîvaz

champiñón

qarçik

nueces

gewîz

fideos

şihîre

tallarines

spagêttî

arroz

birinc

ensalada

selete

papas fritas

çîps

papas fritas

peteteya biraştî

pizza

pîza

hamburguesa

hamburger

sándwich

nanok

churrasco

goştê stûyê berxî

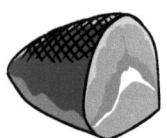

jamón

goştê hişkkirî

salame

salamê

salchicha

sosîs

pollo

mirîşk

asado

bijartin

pescado

masî

copos de avena

şorbe bilûl

muesli

mûslî

copos de maíz

kertên gilgilan

harina

ard

medialuna

croissant

pancito

semûn

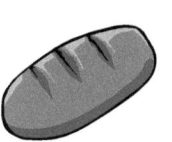

pan

nan

tostada

tost

galletitas

nanik

manteca

nivîşk

cuajada

mast

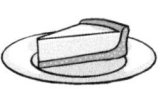

torta

kulîçe

huevo

hêk

huevo frito

hêka qelandî

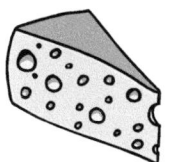

queso

penîr

helado
dondirme

azúcar
şekir

miel
hingiv

mermelada
mireba

pasta de chocolate
xameya nougat

curry
kurrî

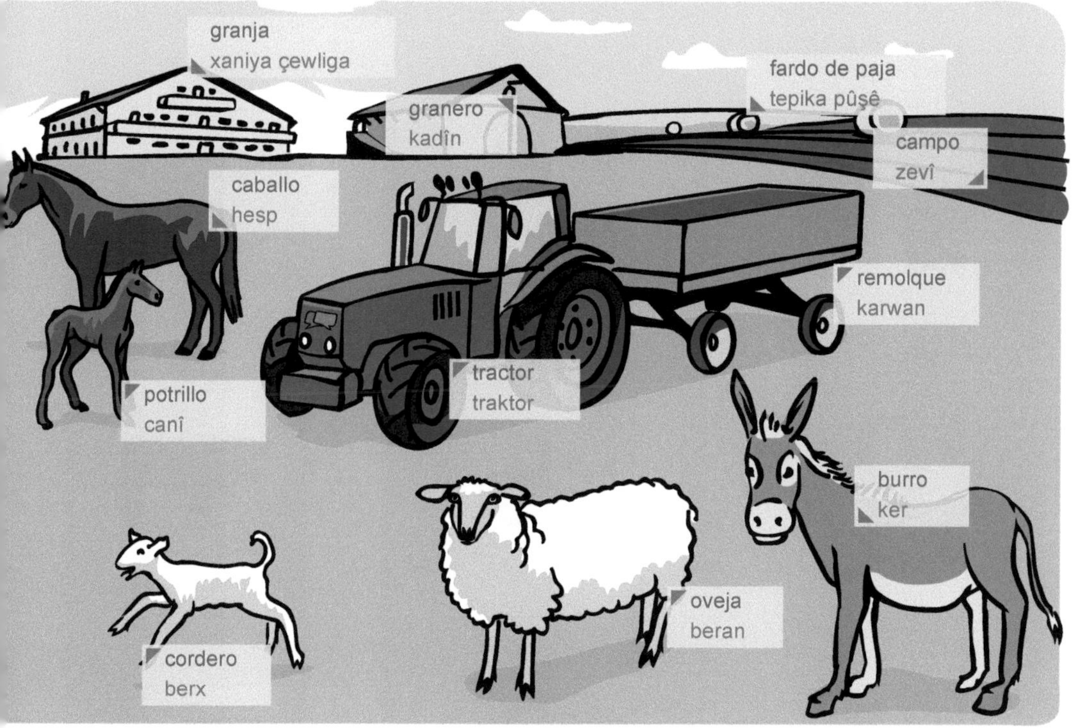

granja
xaniya çewliga

fardo de paja
tepika pûşê

granero
kadîn

campo
zevî

caballo
hesp

remolque
karwan

potrillo
canî

tractor
traktor

burro
ker

cordero
berx

oveja
beran

cabra

bizin

vaca

çêlek

ternero

golik

cerdo

beraz

lechón

xinzîrk

toro

boxe

ganso

qaz

pato

miravî

pollo

cûçik

gallina

mirîşk

gallo

keleşêr

rata

circ

gato

kitik

ratón

mişk

buey

ga

perro

kûçik

cucha

xaniya kûçikê

manguera

xanî baxê

regadera

qûtîka avdanê

guadaña

şalûk

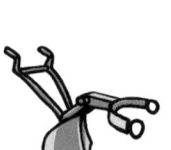

arado

gasin

hoz
das

azada
merbêr

horquilla
darsapik

hacha
bivir

carretilla
destgere

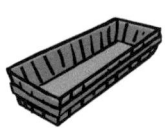

abrevadero
qûtî xwarina candaran

lechera
qûtî şîr

bolsa
tûr

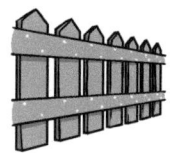

reja
çeper

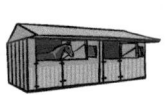

establo
axur

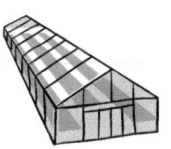

invernadero
xana kulîlkan

suelo
ax

semilla
dendik

fertilizador
peyn

cosechadora
kombayn

cosechar

zad

cosecha

zad

batatas

petete

trigo

genim

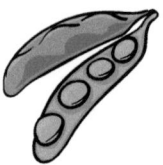

soja

fasolî

papa

petete

maíz

dexl

semilla de colza

dindik

árbol frutal

darê fêkî

mandioca

sêvê bin erdê

cereales

zad

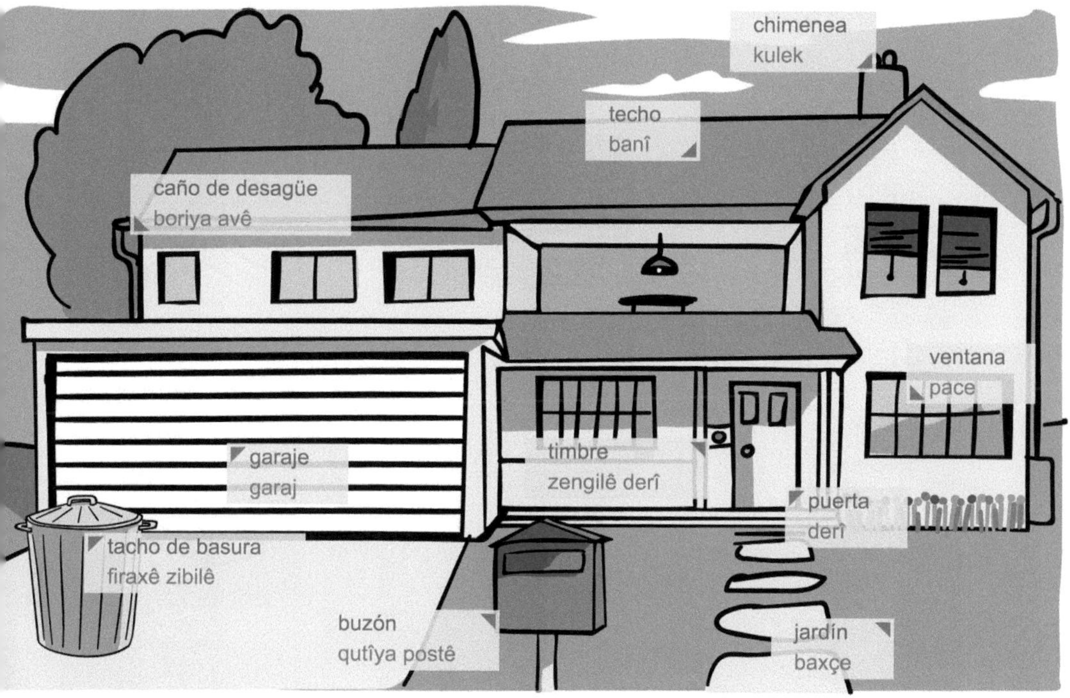

chimenea
kulek

techo
banî

caño de desagüe
boriya avê

ventana
pace

garaje
garaj

timbre
zengilê derî

puerta
derî

tacho de basura
firaxê zibilê

buzón
qutîya postê

jardín
baxçe

living
oda rûniştinê

baño
hemam

cocina
metbex

dormitorio
oda xewê

cuarto de los chicos
odeya zarok

comedor
oda şîvê

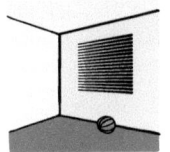

piso

binî

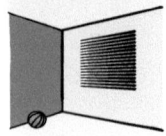

pared

dîwar

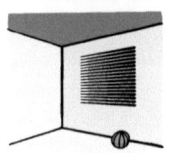

cielorraso

berban

sótano

xenzik

sauna

sauna

balcón

balkon

terraza

berdanik

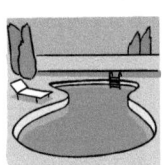

pileta

hewza melevanî

cortadora de pasto

çîmen birr

sábana

melhefe

acolchado

betanî

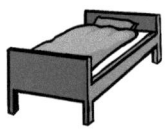

cama

nivîn

escoba

gezik

balde

satil

interruptor

kilîl

living
oda rûniştinê

empapelado
kaxezê dîwar
imagen
wêne
lámpara
lampa
estante
ref
armario
dolab
televisión
telefîsiyon
chimenea
agirdan
flor
kulîlk
almohadón
serîn
sofá
qenepe
florero
guldank
control remoto
kontrola dûr

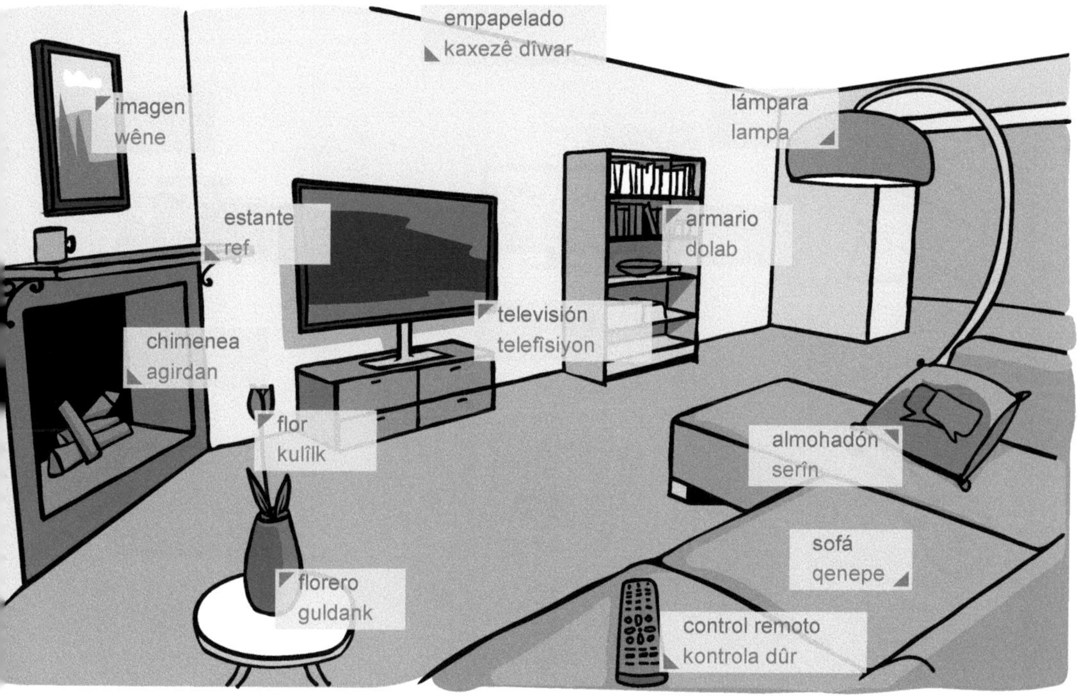

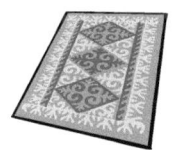

alfombra

xalîçe

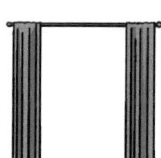

cortina

perde

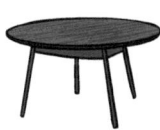

mesa

mêz

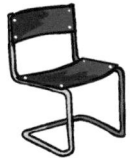

silla

kursî

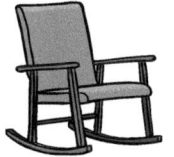

mecedora

kursiya hejanok

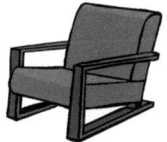

sillón

kursî

libro
pirtûk

frazada
betanî

decoración
xemilandin

leña
êzing

película
fîlm

equipo de música
hi-fi

llave
kilîl

diario
rojname

pintura
nîgar

póster
poster

radio
radyo

cuaderno
defter

aspiradora
sivnika elektrîkî

cactus
kaktûs

vela
mom

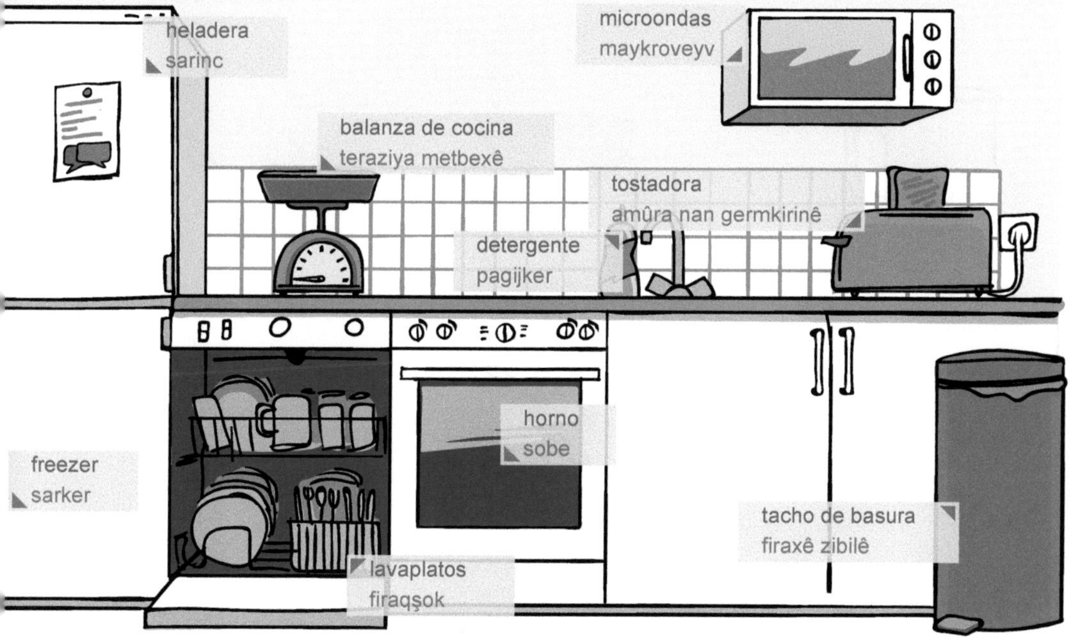

heladera
sarinc

microondas
maykroveyv

balanza de cocina
teraziya metbexê

tostadora
amûra nan germkirinê

detergente
pagijker

freezer
sarker

horno
sobe

tacho de basura
firaxê zibilê

lavaplatos
firaqşok

cocina
....
sobe

olla
....
aman

olla de hierro fundido
....
amaê ûtû

wok
....
firaqê mezin

sartén
....
dîzik

pava
....
kelînk

vaporera

firaqê hilmê

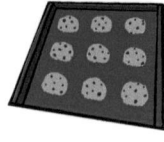

bandeja de horno

sênî nanê

vajilla

firaq

taza

piyale

bol

kasik

palitos

darê nanxwarin

cucharón

hesk

estpátula

kevçiya mezin

batidora

rînek

colador

kefgîr

colador

bêjing

rallador

rêşker

mortero

destar

parrilla

biraştin

fogata

agirê vala

tabla de picar

texteya birrînê

palo de amasar

darikê tîrê

sacacorchos

devik badek

lata

qûtî

abrelatas

qûtîvekir

manopla

cawê amanan

pileta

destşo

cepillo

firçe

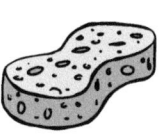

esponja

parazoa

batidora

tevdêr

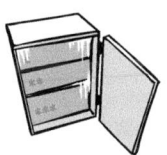

congelador

sarkerê cemedî

mamadera

şûşe bebikan

canilla

henefî

baño
hemam

calefacción
germijank
ducha
dûş
toalla
xawlî
cortina de ducha
perdeya hemamê
baño de espuma
kefê hemam
bañadera
hewza hemam
vaso
qedeh
lavarropas
cilşok
canilla
henefî
baldosas
acûr
pelela
tiwaleta zarokan
pileta
destşo

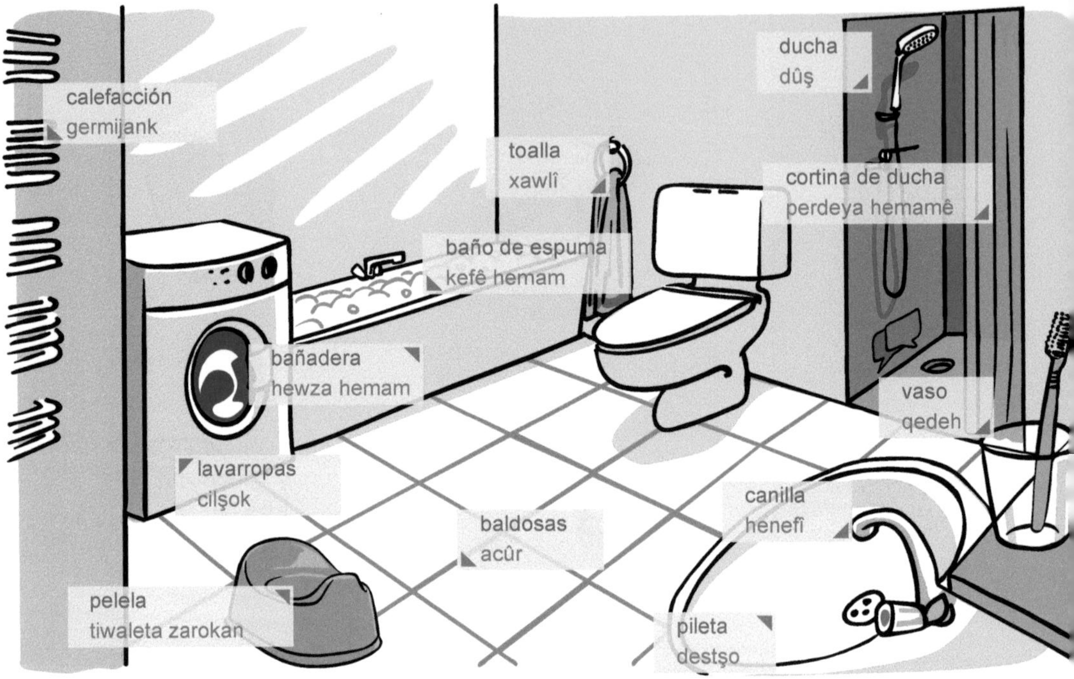

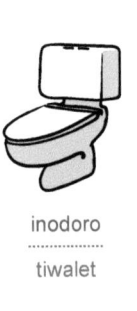

inodoro

tiwalet

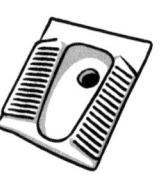

letrina

tiwaleta erdê

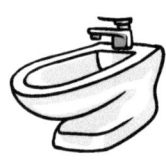

bidé

tiwalet

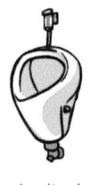

mingitorio

avdestxana mêran

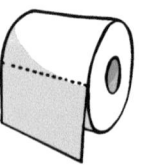

papel higiénico

kaxeza tiwalet

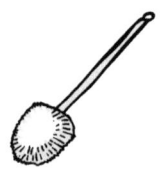

cepillo para el inodoro

firşeya tiwalet

cepillo de dientes

firçeya diran

dentífrico

mecûna diran

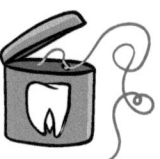

hilo dental

nexa didan

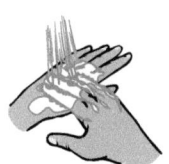

lavar

şûştin

ducha de mano

dûşê destê

ducha higiénica

dûş

palangana

destşo

cepillo para espalda

firça pişt

jabón

sabûn

gel de ducha

cêlê hemam

shampoo

şampo

toallita

fanîle

desagüe

zêrab

crema

kirêm

desodorante

bêhn xweşkir

espejo

mirêk

espejito

mirêka destê

maquinita de afeitar

gûzan

espuma de afeitar

kefê teraşînê

aftershave

mecûna piştî teraşînê

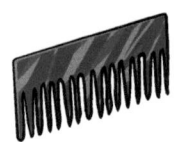

peine

şeh

cepillo

firçe

secador de pelo

por hîşikkir

spray

sipraya porê

maquillaje

kozmetîk

lápiz de labios

soravk

esmalte para uñas

rengê nînok

algodón

pembû

tijera para uñas

meqesta nînok

perfume

parfûm

portacosméticos

çewalê hemamê

banqueta

kursiya bêpişt

balanza

terazî

bata

kinca hemamê

guantes de goma

lepika lastîkê

tampón

tampon

toallita femenina

xawliya paqijkirinê

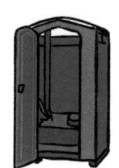

baño químico

tiwaleta kîmîyewî

cuarto de los chicos
odeya zarok

despertador
demjimêrk
peluche
lîstok
coche de juguete
maşîna lîstok
sonajero
xişxişok
casa de muñecas
mala lîstok
regalo
xelat

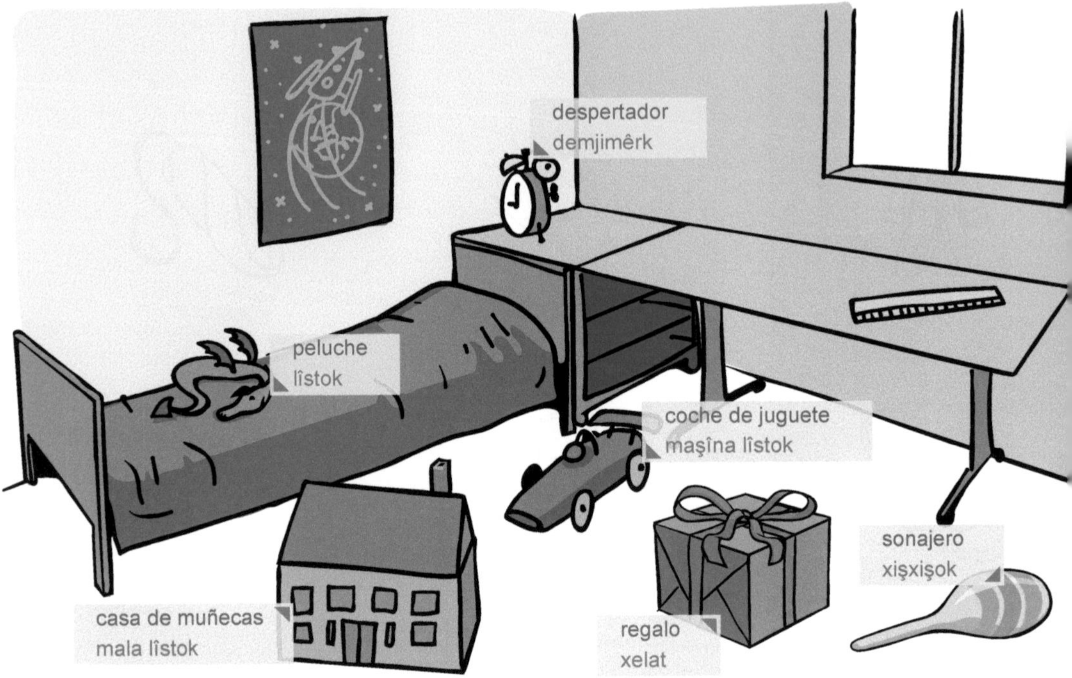

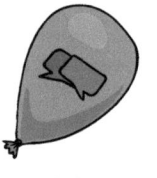

globo
pifdank

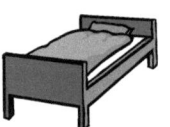

cama
nivîn

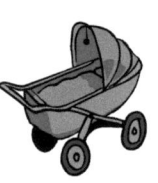

cochecito
koçk

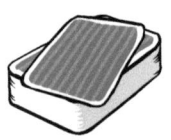

cartas
lîstika kartê

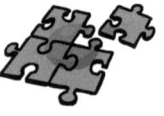

rompecabezas
frîzbî

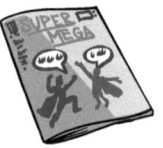

historieta
komîk

piezas de lego

acûra lêgo

ladrillos de juguete

acûra lîstok

figura de acción

bûke şûşe

enterito (de bebé)

kinca bebikan

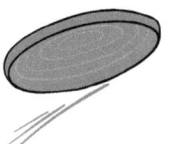

frisbee

frizbee

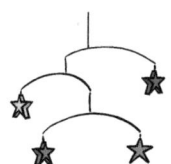

móvil para bebés

veguhestin

juego de mesa

lîstikên texte

dados

mor

tren eléctrico

modêla trênê

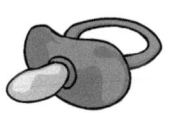

chupete

memik

fiesta

cejn

libro de cuentos ilustrado

kitêba wêne

pelota

top

muñeca

bûke şûşe

jugar

leyîstin

arenero

kuna xîzê

hamaca

colane

juguetes

lîstokan

consola de videojuegos

lîstika vîdeoyî

triciclo

sêçerxe

osito de peluche

hirça lîstok

armario

cildank

ropa

kinc

medias

gore

medias panty

gore

calzas

derpêgorê

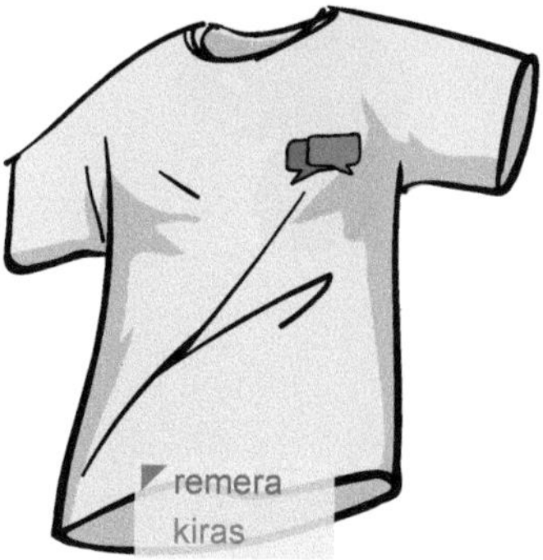

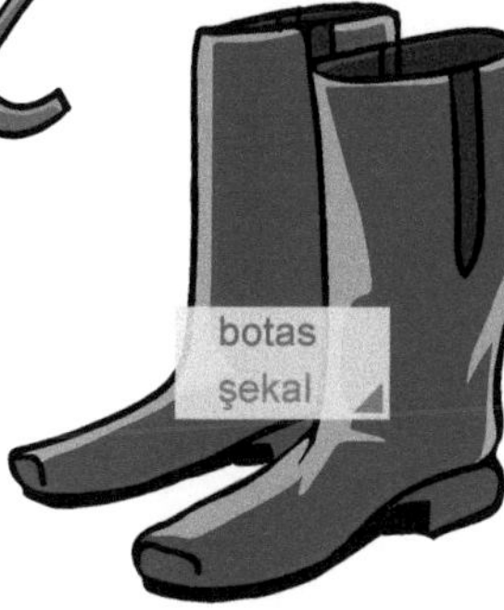

bufanda
şal

cinturón
qayiş

paraguas
çetir

remera
kiras

zapatillas
pêlav

botas
şekal

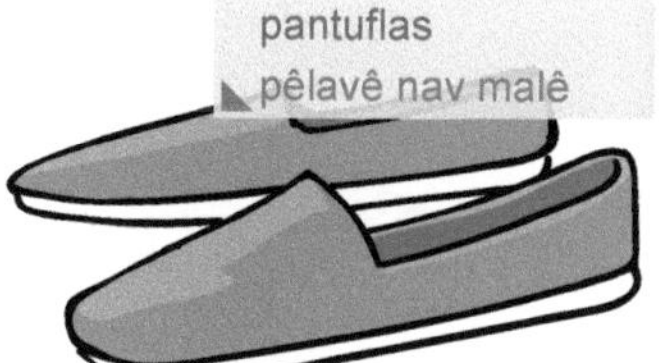

pantuflas
pêlavê nav malê

sandalias
solik

zapatos
sol

botas de goma
potîna çermê

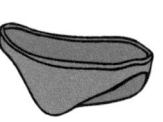

ropa interior
pantolê jêr

corpiño
pêsîrbend

chaleco
çekbend

body

cendek

pantalones

pantol

jeans

jeans

pollera

daman

blusa

kiras

camisa

kiras

pulóver

fanêle

buzo

fanêle

blazer

cakêt

campera

sako

tapado

çaket

piloto

baranî

traje

lebas

vestido

fîstan

vestido de novia

cilê dawetê

traje

kostum

camisón

pêcame

pijama

pêcame

sari

saree

pañuelo para cabeza

leçik

turbante

mêzer

burka

hêram

caftán

kaftan

abaya

eba

traje de baño

kinca ajnêkirin

short de baño

cilka melevanî

shorts

şort

jogging

cila hêvojkarî

delantal

pêşmal

guantes

lepik

botón

dûgme

anteojos

berçavik

pulsera

bazin

collar

gerdenî

anillo

gustîl

aro

guhark

gorra

devik

percha

hilavistek

sombrero

kûm

corbata

kirawat

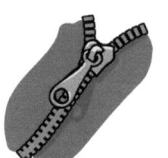

cierre

zîp

casco

serparêz

tiradores

derzî

uniforme escolar

kinca dibistanê

uniforme

yûnîform

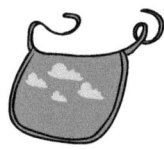

babero

berdilk

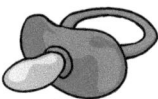

chupete

memik

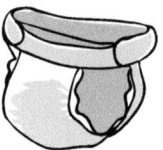

pañal

pundax

oficina

ofîs

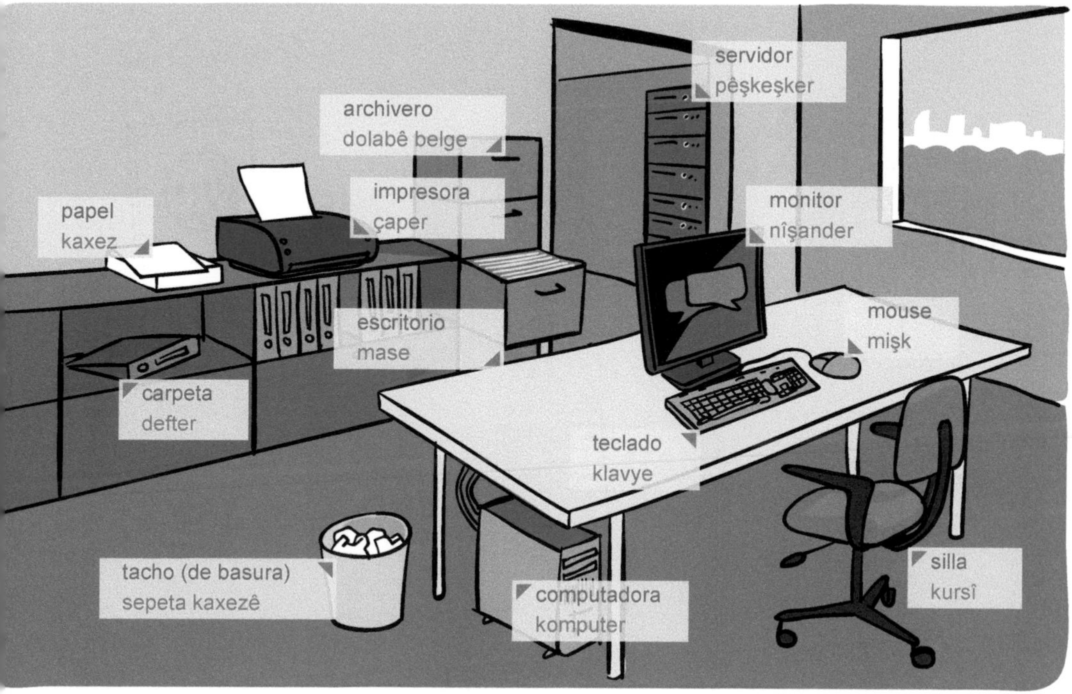
servidor
pêşkeşker
archivero
dolabê belge
impresora
çaper
papel
kaxez
monitor
nîşander
mouse
mişk
escritorio
mase
carpeta
defter
teclado
klavye
tacho (de basura)
sepeta kaxezê
computadora
komputer
silla
kursî

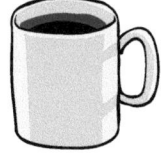

taza de café

kasika qehwe

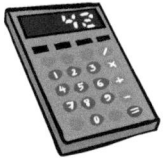

calculadora

hesabker

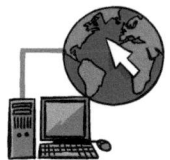

internet

înternet

laptop

komputera laptop

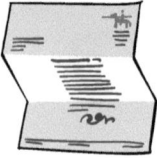

carta

name

mensaje

peyam

celular

telefona mobîl

red

tor

fotocopiadora

mekîna fotokopî

software

software

teléfono

telefon

tomacorriente

socketa fîşek

fax

mekîna faxê

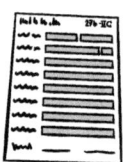

formulario

form

documento

belge

comprar

standin

pagar

pere dan

hacer negocios

bazirganî

dinero

pere

dólar

dollar

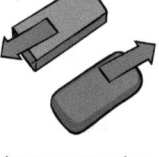 

euro

yoro

yen

yenê Japonê

rublo

roblê Rûsî

franco suizo

firankê Swîsê

yuan

yuanê Çînê

rupia

rûpee Hindî

cajero automático

mekîna jixwebera dirav

casa de cambio

ofîsa pere veguhartinê

oro

zêrr

plata

zîv

petróleo

neft

energía

wize

precio

biha

contrato

peyman

impuesto

tax

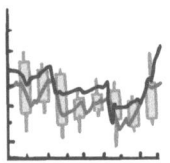

acción

seham

trabajar

karkirin

empleado

karker

empleador

karda

fábrica

fabrîka

negocio

dikan

ocupaciones
profesyon

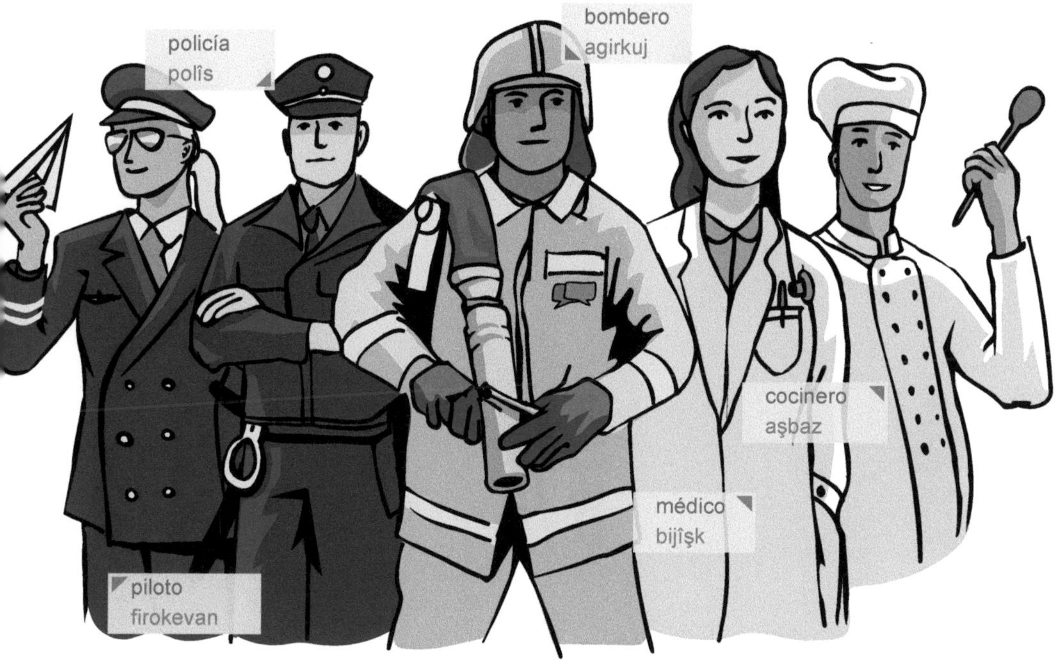
bombero
agirkuj
policía
polîs
cocinero
aşbaz
médico
bijîşk
piloto
firokevan

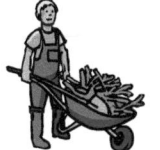

jardinero

baxçevan

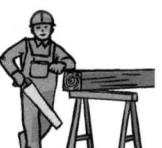

carpintero

necar

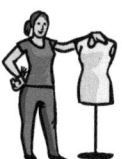

modista

dirûnvan

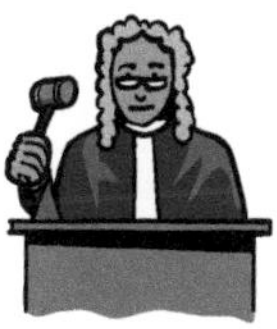

juez

hakim

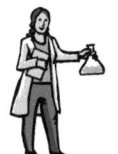

farmacéutico

şîmyazan

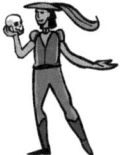

actor

şanoger

colectivero

şufêrê basê

taxista

şufêrekî taksiyê

pescador

masîvan

mucama

pagijker

techista

çêkirê banî

mozo

berkar

cazador

nêçirvan

pintor

rengrês

panadero

nanpêj

electricista

karebavan

albañil

avaker

ingeniero

endezyar

carnicero

qesab

plomero

lûlekar

cartero

postevan

soldado

esker

arquitecto

mîmar

cajero

diravgir

florista

firotkara çîçekan

peluquero

porçêker

cobrador

ajovan

mecánico

mekanîk

capitán

keştîvan

dentista

pizîşka didanan

científico

zanistyar

rabino

rûhan

imán

îmam

monje

keşe

sacerdote

keşîş

herramientas
amûran

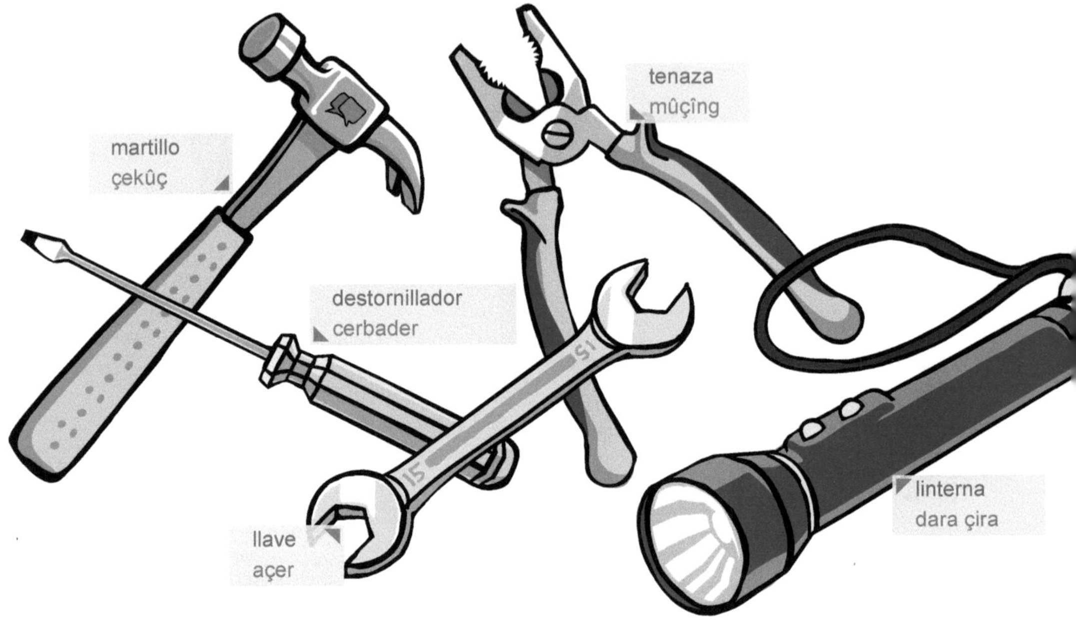
martillo
çekûç
tenaza
mûçîng
destornillador
cerbader
llave
açer
linterna
dara çira

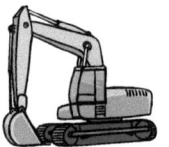

excavadora

şofel

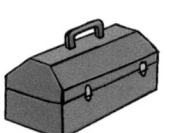

caja de herramientas

qûtiya amûran

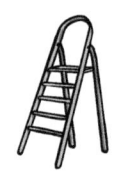

escalera portátil

peyje

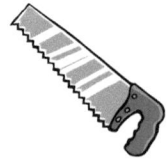

sierra

mişar

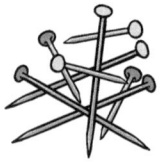

clavos

mîx

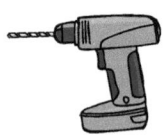

taladro

qulkirin

arreglar

çêkirin

pala de jardín

merbêr

¡Qué bronca!

nalet!

pala de plástico

bêl

tacho de pintura

qûtiya rengê

tornillos

cerr

instrumentos musicales
amûrên mûzîkê

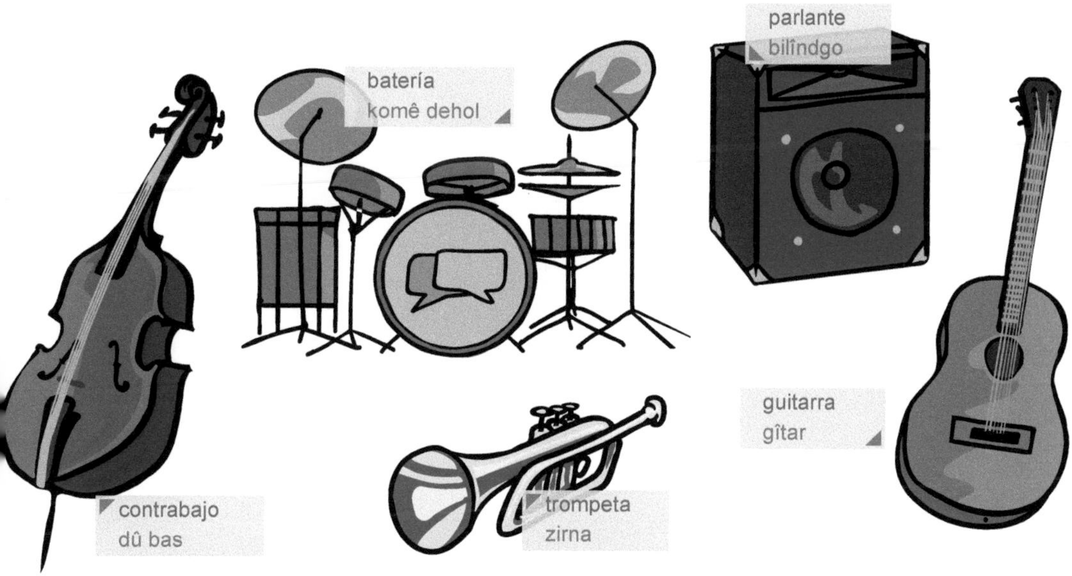

parlante
bilîndgo

batería
komê dehol

guitarra
gîtar

contrabajo
dû bas

trompeta
zirna

piano

piyano

violín

viyolîn

bajo

bas

timbales

dehol

tambor

dahol

teclado

keyboard

saxofón

saksofon

flauta

bilûr

micrófono

mîkrofon

zoológico

baxça heywanan

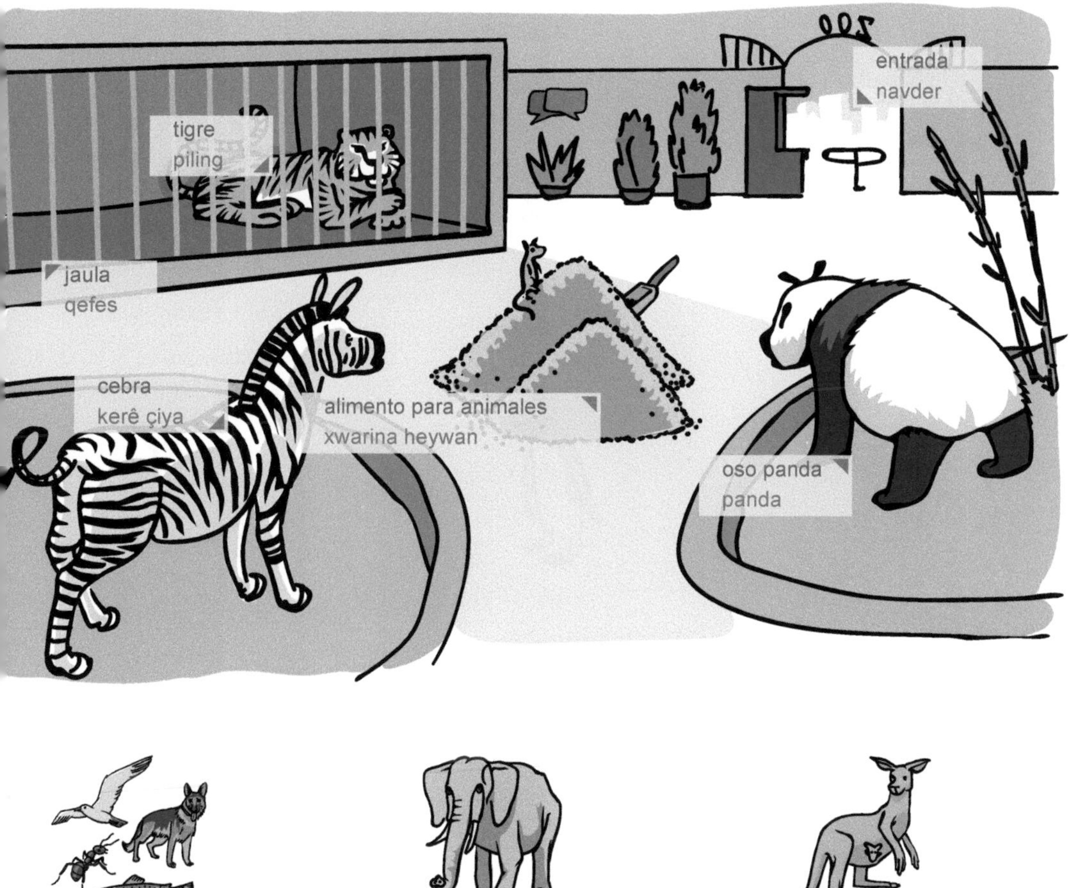

tigre
piling
jaula
qefes
cebra
kerê çiya
alimento para animales
xwarina heywan
oso panda
panda
entrada
navder

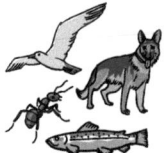

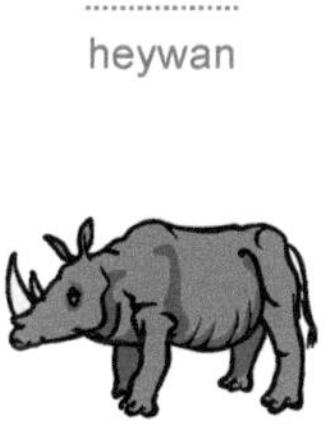

animales
heywan

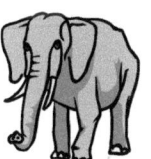

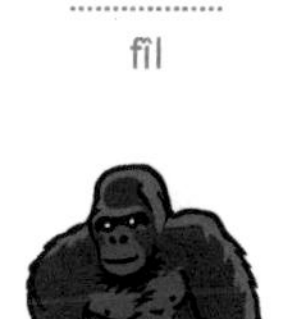

elefante
fîl

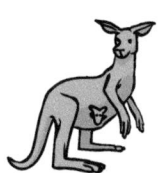

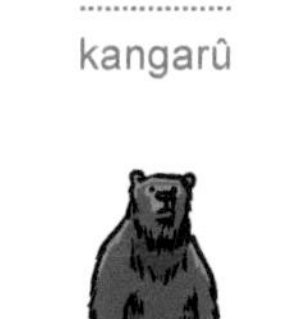

canguro
kangarû

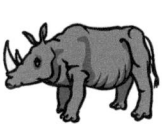

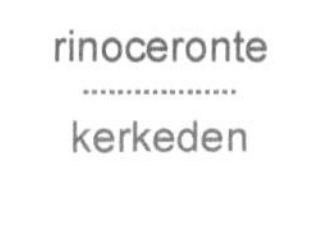

rinoceronte
kerkeden

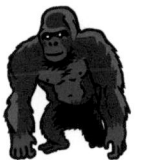

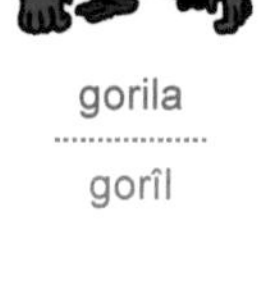

gorila
gorîl

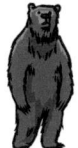

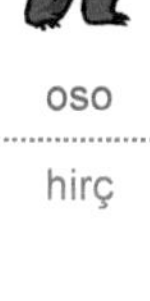

oso
hirç

camello

hêştir

avestruz

hêştirme

león

şêr

mono

meymûn

flamenco

flamîngo

loro

papaxan

oso polar

hirça cemserî

pingüino

penguîn

tiburón

semasî

pavo real

tawûs

serpiente

mar

cocodrilo

timsah

cuidador del zoológico

parêzera baxça ajalan

foca

seya derya

jaguar

piling

poni

hesp

leopardo

piling

hipopótamo

hespê rûbar

jirafa

canhêştir

águila

helo

jabalí

berazê kovî

pescado

masî

tortuga

kûsî

morsa

walras

zorro

rovî

gacela

xezal

fútbol americano
fûtbolê Amerîka

ciclismo
bişiklêtan

tenis
tenîs

básquet
baskêtbol

natación
avjenîkirin

boxeo
boxing

hockey sobre hielo
hokeya ser cemedê

fútbol	bádminton	atletismo
fûtbol	badminton	yê atletîzmê

handball	esquí	polo
hendbol	befirajotin	polo

actividades
çalakiyan

reír
kenîn
saltar
hilpeke
abrazar
hembêz
caminar
birêveçûn
cantar
lawje gutin
soñar
xewn dîtin
rezar
nimêj kirin
besar
maçkirin

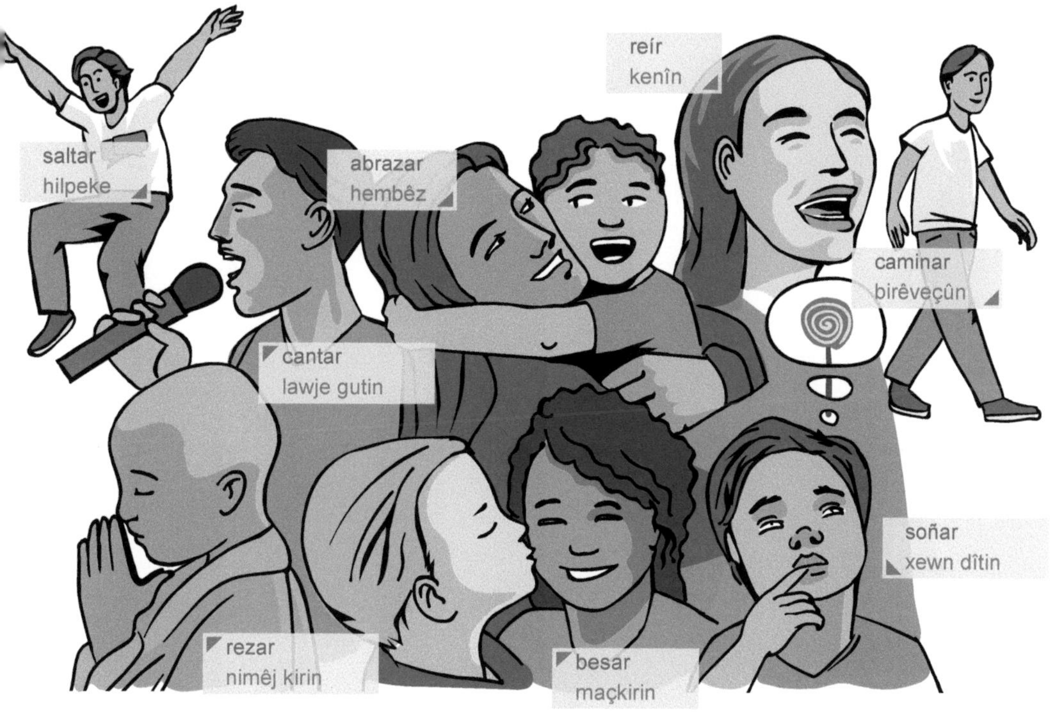

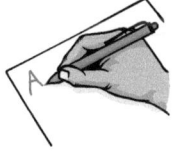

escribir
....
nivîsandin

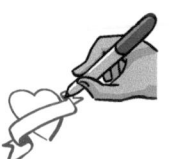

dibujar
....
nîgar kêşan

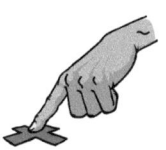

mostrar
....
nîşan dan

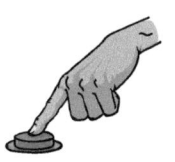

presionar
....
paldan

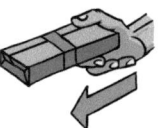

dar
....
dayîn

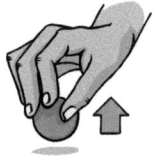

tomar
....
rakirin

tener
heyîn

hacer
kirin

ser
bûn

estar parado
sekinîn

correr
bazdan

tirar
kişandin

tirar
avêtin

caer
ketin

estar acostado
derew kirin

esperar
sekinîn

llevar
guhêztin

estar sentado
rûniştin

vestirse
cil berkirin

dormir
razan

despertar
rabûn

mirar
mêze kirin

llorar
girîn

acariciar
celte

peinar
şe kirin

hablar
peyvîn

entender
famkirin

preguntar
pirskirin

escuchar
bihîstin

beber
vexwarin

comer
xwarin

ordenar
kom kirin

amar
hezkirin

cocinar
xwarin çêkirin

manejar
ajotin

volar
firrîn

navegar

kesştîvanî

calcular

hesibandin

leer

xwandin

aprender

hînbûn

trabajar

karkirin

casarse

zewicîn

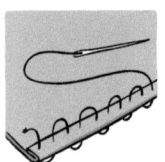

coser

dirûtin

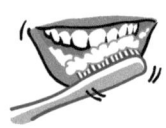

cepillarse los dientes

didan şûtin

matar

kuştin

fumar

dûxan

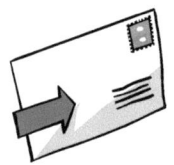

enviar

şandin

abuela
dapîr

abuelo
bapîr

padre
bav

madre
dê

bebé
bebek

hija
keç

hijo
kur

invitado

mêvan

tía

met

tío

ap/xal

hermano

bira

hermana

xwîşl

cuerpo
beden

frente
enî
ojo
çav
hombro
mil
dedo
tilî
cara
rû
pera
zenî
mano
dest
pecho
sîng
pierna
ling
brazo
pîl

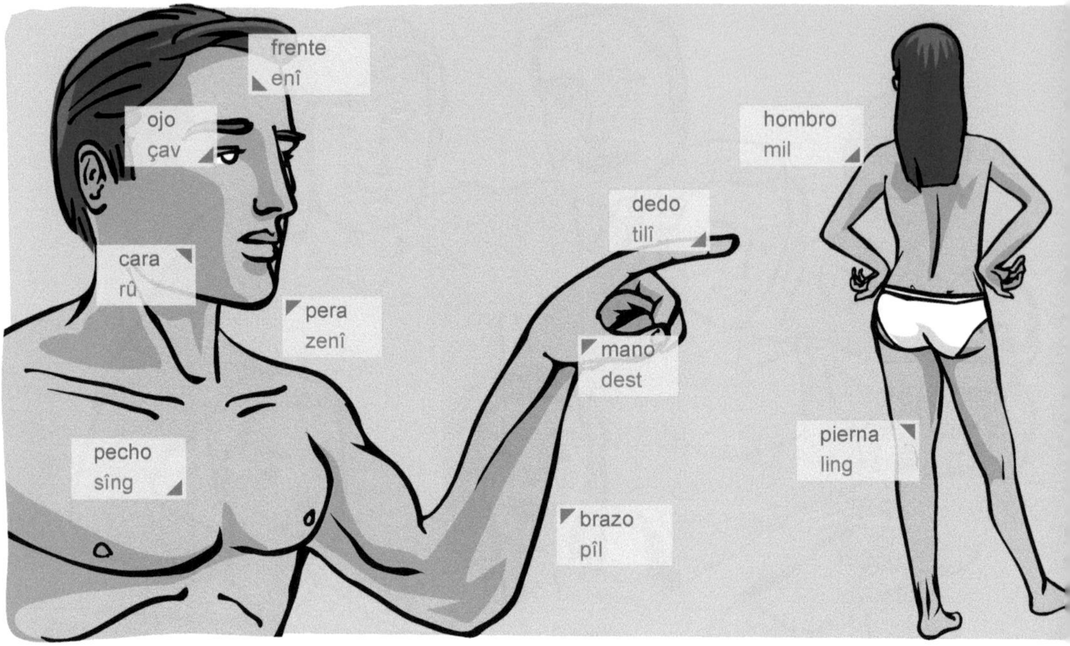

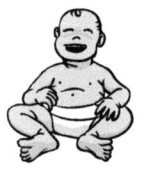

bebé
bebek

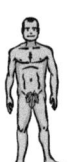

hombre
mêr

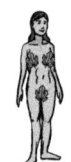

mujer
jin

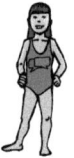

nena
keç

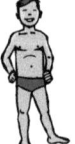

nene
kor

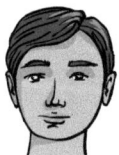

cabeza
ser

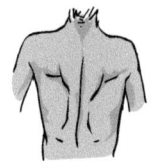

espalda
pişt

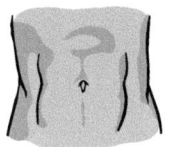

panza
zik

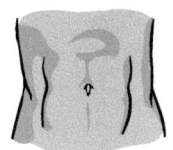

ombligo
navik

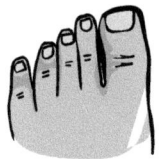

dedo del pie
tilîya pê

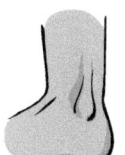

talón
panî

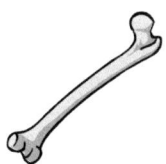

hueso
hestî

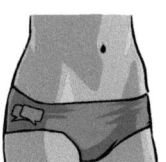

cadera
kûlîmek

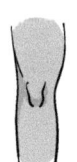

rodilla
jûnî

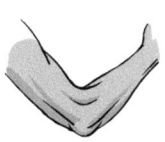

codo
enîşk

nariz
difn

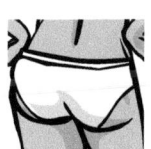

cola
qûn

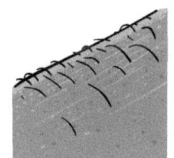

piel
çerm

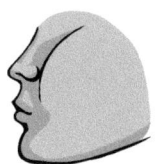

cachete
rû

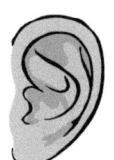

oreja
gûh

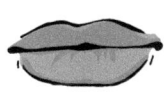

labio
lêv

boca
dev

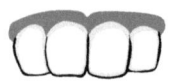

diente
diran

lengua
ziman

cerebro
mêjî

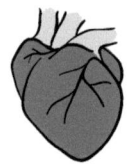

corazón
dil

músculo
masûl

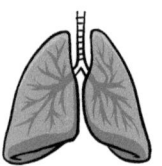

pulmón
cîgera spî

hígado
ceger

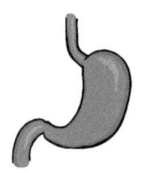

estómago
made

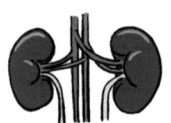

riñones
gûrçikan

sexo
cotbûn

preservativo
kondom

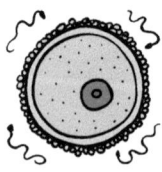

óvulo
hêk

semen
tov

embarazo
dûcanî

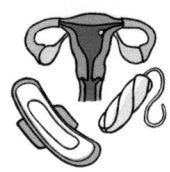

menstruación
....
ade

vagina
....
qûz

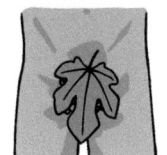

pene
....
kîr

ceja
....
birû

pelo
....
por

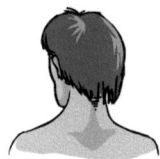

cuello
....
hûstû

hospital
nexweşxane

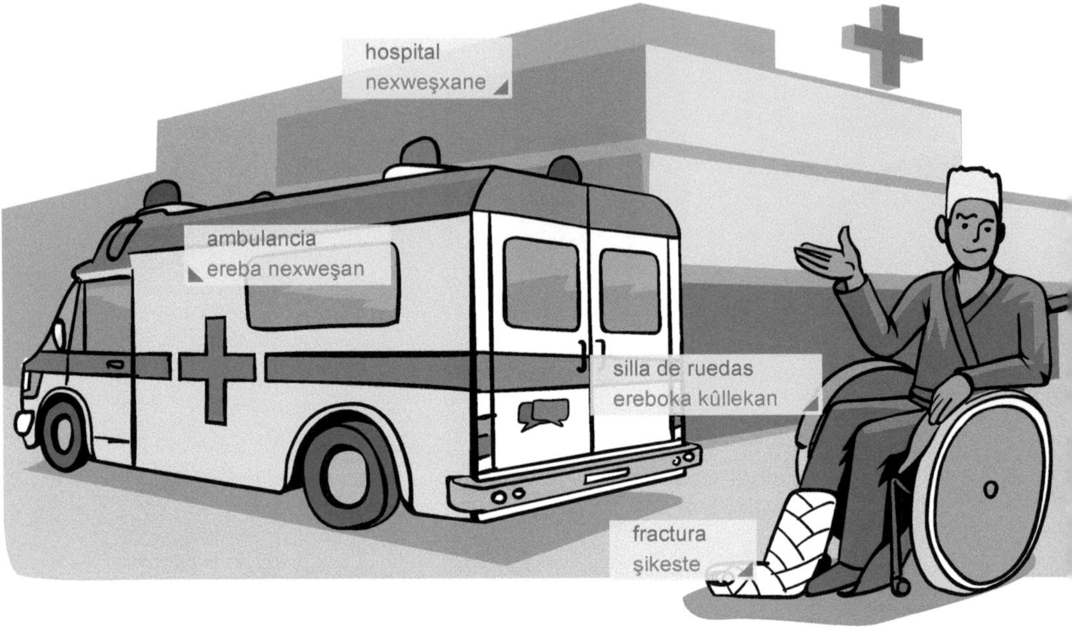

hospital
nexweşxane
ambulancia
ereba nexweşan
silla de ruedas
ereboka kûllekan
fractura
şikeste

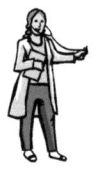

médico

bijîşk

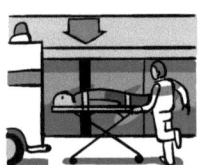

sala de guardia

oda lezgînê

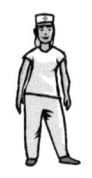

enfermera

nexweşyar

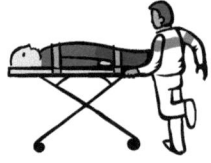

emergencia

acîlîyet

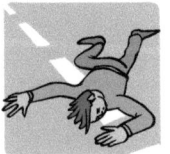

inconsciente

bêhay

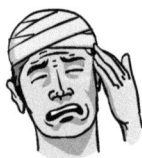

dolor

êş

lesión
birîn

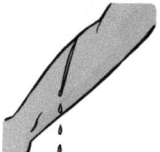

hemorragia
xwînpijan

infarto
hêrişa dilî

ACV
celte

alergia
alerjî

tos
kuxik

fiebre
ta

gripe
zikam

diarrea
navçûyin

dolor de cabeza
serêş

cáncer
qansêr

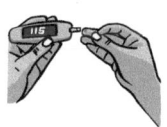

diabetes
nexweşiya şekirê

cirujano
emelîkar

bisturí
skalpêl

operación
emelî

TC

CT

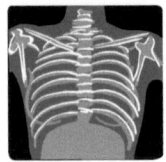

rayos x

sûretê rontgên

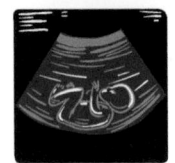

ecografía

ûltrasawnd

barbijo

maskê rûyê

enfermedad

nexweşî

sala de espera

oda sekinînê

muleta

goçan

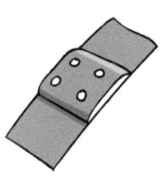

curita

şêl

venda

paçê birînpêçanê

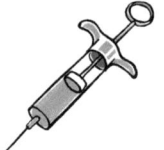

inyección

derzî

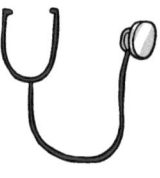

estetoscopio

bîstoka pizîşkî

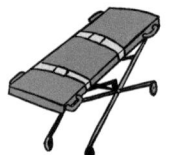

camilla

darbest

termómetro

têhnpîva klînîkê

nacimiento

zayîn

sobrepeso

qelew

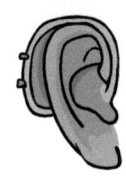

audífono

alîkariya bihîstinê

desinfectante

bakterîkuj

infección

kotîbûn

virus

vîrûs

VIH / SIDA

HIV / AIDS

remedio

derman

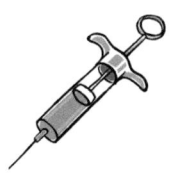

vacunación

kutan

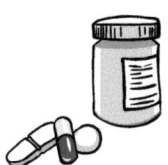

comprimidos

heban

pastilla anticonceptiva

heb

llamada de emergencia

lezgîn

tensiómetro

dîmenderê pesto xwîn

enfermo / sano

nexweş / sax

¡Ayuda!

Hewar!

alarma

alarm

agresión

êrîş

ataque

êrîşkirin

peligro

talûk

salida de emergencia

derketina acil

¡Fuego!

agir!

matafuego

agir vemirandinê

accidente

qeza

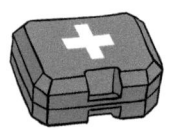

botiquín de primeros
auxilios

aletên alîkariya yekem

SOS

SOS

policía

polîs

Europa

Ewropa

América del Norte

Amerîkaya Bakûr

América del Sur

Amerîkaya Başûr

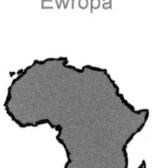

África

Afrîka

Asia

Asya

Australia

Awustralya

Atlántico

Atlantîk

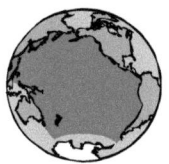

Pacífico

Okyanûsa Mezin

Océano Índico

Okyanûsa Hindî

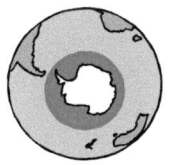

Océano Antártico

Okyanûsa Antarktîka

Océano Ártico

Okyanûsa Arktîk

polo norte

Cemsera Bakûr

polo sur

Cemsera Başûr

Antártida

Antarktîka

Tierra

erd

tierra

ax

mar

behir

isla

dûrge

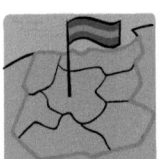

nación

milllet

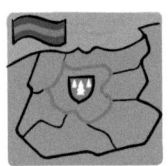

estado

welat

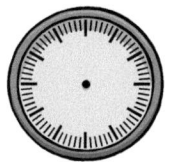

esfera

rûyê saet

manecilla de las horas

nişanderka demjimêr

minutero

nişanderka deqe

segundero

nişanderka saniye

¿Qué hora es?

Seet çende?

día

roj

hora

dem

ahora

niha

reloj digital

saetê dicîtal

minuto

deqe

hora

seet

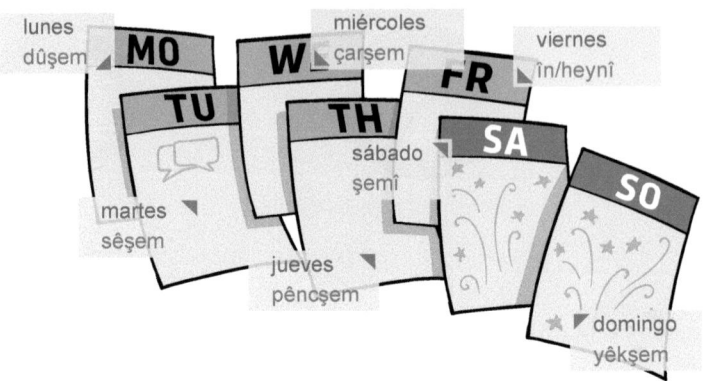

lunes
dûşem

MO

miércoles
çarşem

W

viernes
în/heynî

FR

TU

TH

sábado
şemî

SA

martes
sêşem

jueves
pêncşem

SO

domingo
yêkşem

ayer

duh

hoy

îro

mañana

sibey

mañana

sibe

mediodía

nîvro

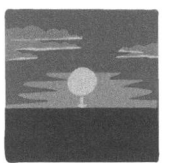

tarde

êvar

MO	TU	WE	TH	FR	SA	SU
1	2	3	4	5	6	7
8	9	10	11	12	13	14
15	16	17	18	19	20	21
22	23	24	25	26	27	28
29	30	31	1	2	3	4

días hábiles

rojên karê

MO	TU	WE	TH	FR	SA	SU
1	2	3	4	5	6	7
8	9	10	11	12	13	14
15	16	17	18	19	20	21
22	23	24	25	26	27	28
29	30	31	1	2	3	4

fin de semana

dawiya hefte

año
sal

lluvia
baran
arco iris
keskesor
nieve
befir
viento
ba
primavera
bihar
otoño
payîz
verano
havîn
invierno
zivistan

4.APRIL 11°
5.APRIL 4°
6.APRIL 13°
7.APRIL 8°
8.APRIL 10°

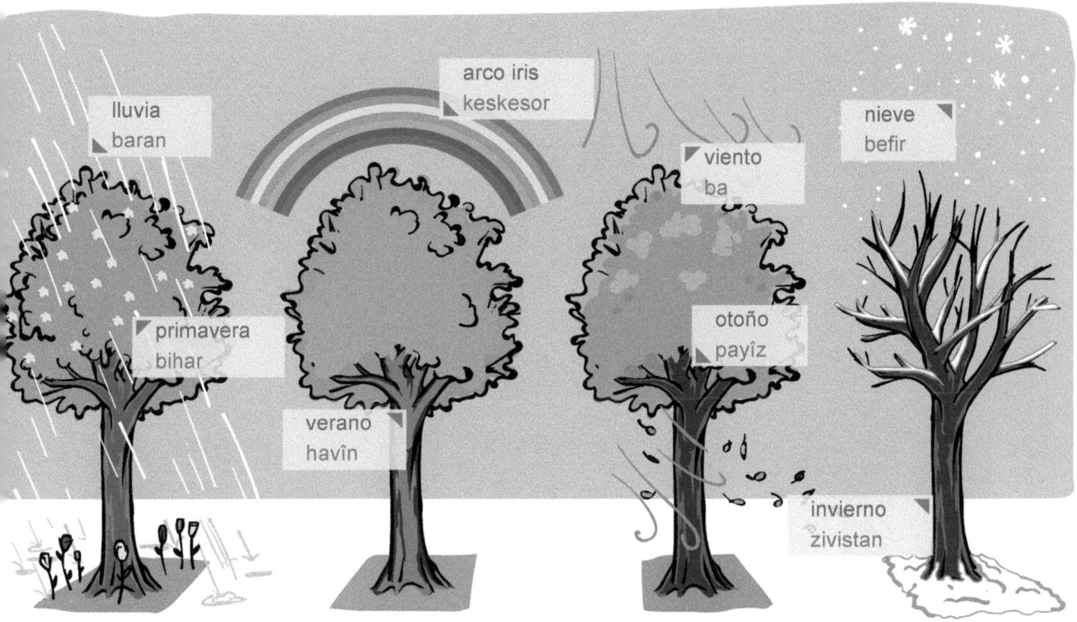

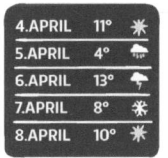

pronóstico meteorológico

pêşbîniya hewa

F
C
120
90
60
30
0
-30
40
30
20
10
0
-10
-20

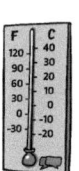

termómetro

tehnpîv

luz del sol

tav

nube

hewr

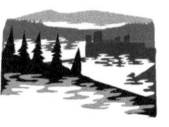

niebla

mij

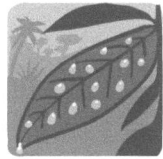

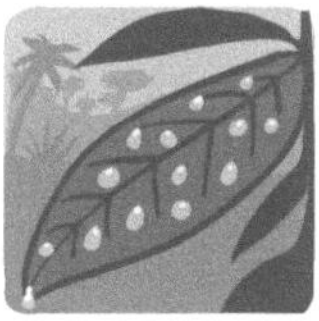

humedad

hêmî

rayo

birq

trueno

brûsk

tormenta

tofan

granizo

terg

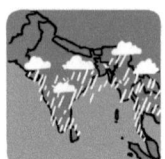

monzón

mansûn

inundación

lehî

hielo

cemed

enero

rêbendan

febrero

reşeme

marzo

newroz

abril

gulan

mayo

cozerdan

junio

pûşper

julio

gelawêj

agosto

xermanan

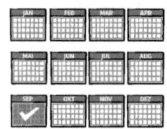

septiembre

rezber

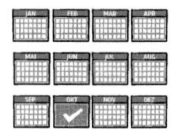

octubre

kewçêr

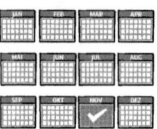

noviembre

sermawez

diciembre

befranbar

formas

şêwe

círculo

çember

cuadrado

çarçik

rectángulo

çarqozî

triángulo

sêqozî

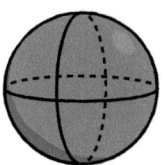

esfera

qada

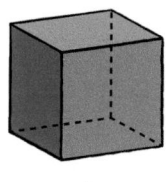

cubo

xiştek

blanco

sipî

amarillo

zer

naranja

pirteqalî

rosa

pembe

rojo

sor

violeta

mor

azul

şîn

verde

kesik

marrón

qehweyî

gris

gewr

negro

reş

mucho / poco

zor / kêm

enojado / tranquilo

bi hêrs / bêdeng

lindo / feo

bedew / nerind

principio / fin

destpêk / dawî

grande / chico

mezin / biçûk

claro / oscuro

ronî / tarî

hermano / hermana

brak / xwişk

limpio / sucio

pagij / girêj

completo / incompleto

tevî / netemam

día / noche

roj / şev

muerto / vivo

mirî / zindî

ancho / angosto

fire / teng

comestible / no comestible

xweş / nexweş

malo / amable

nebaş / baş

entusiasmado / aburrido

bi heyecan / aciz

gordo / flaco

qelew / zirav

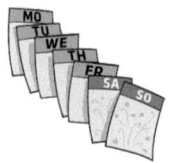

primero / último

yekemîn / dawîn

amigo / enemigo

heval / dijmin

lleno / vacío

tijî / vala

duro / blando

req / nerm

pesado / liviano

giran / sivik

hambre / sed

birçî / tînî

enfermo / sano

nexweş / sax

ilegal / legal

neqanûnî / qanûnî

inteligente / estúpido

rewşenbîr / balûle

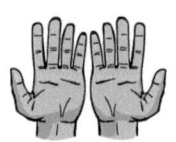

izquierda / derecha

çep / rast

cerca / lejos

nêzî / dûr

nuevo / usado

nû / bikarhatî

nada / algo

hîç / tiştek

viejo / joven

kal / ciwan

encendido / apagado

li / ji

abierto / cerrado

vekirî / girtî

silencioso / ruidoso

aram / dengbilind

rico / pobre

dewlemend / reben

correcto / incorrecto

rast / şaş

áspero / suave

dirr / hilû

triste / contento

xemgîn / şa

corto / largo

kurt / dirêj

lento / rápido

hêdî / zû

mojado / seco

şil / ziwa

caliente / frío

germ / hênik

guerra / paz

şerr / aşitî

0

cero

sifir

1

uno

yek

2

dos

dû

3

tres

sê

4

cuatro

çar

5

cinco

pênc

6

seis

şeş

7

siete

heft

8

ocho

heşt

9

nueve

neh

10

diez

deh

11

once

yazde

12

doce

dazde

13

trece

sêzde

14

catorce

çarde

15

quince

pazde

16

dieciséis

şazde

17

diecisiete

hefde

18

dieciocho

hejde

19

diecinueve

nozdeh

20

veinte

bîst

100

cien

sed

1.000

mil

hezar

1.000.000

millón

milyon

inglés

Inglîzî

inglés americano

Inglîziya Amerîkî

chino mandarín

Çînî Mandarîn

hindi

Hindî

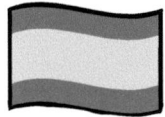

español

Îspanyolî

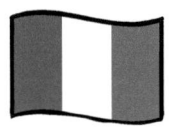

francés

Frensî

árabe

Erebî

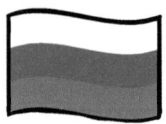

ruso

Rûsî

portugués

Portugalî

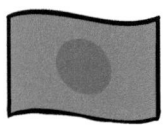

bengalí

Bengalî

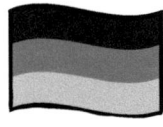

alemán

Elmanî

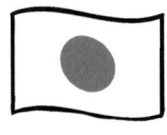

japonés

Japonî

yo
....
min

vos
....
tu

él / ella
....
ew / ev / ew

nosotros
....
em

ustedes
....
tu

ellos
....
ew

¿quién?
....
kî?

¿qué?
....
çi?

¿cómo?
....
çawa?

¿dónde?
....
kû?

¿cuándo?
....
kengî?

nombre
....
nav

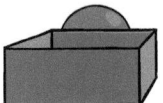

detrás

piştî

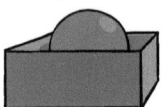

en

li

adelante de

pêşî

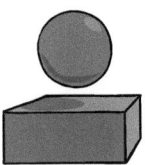

por encima de

ser

sobre

ser

debajo de

bin

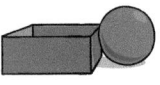

al lado de

kêlek

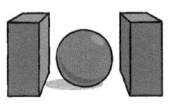

entre

navber

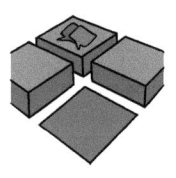

lugar

cih